A
L'HUMANITÉ

ET A LA PATRIE.

Par un Citoyen.

1789.

*

ÉPITRE

A L'HUMANITÉ

ET

A LA PATRIE

EN PARTICULIER,

Sur le bon ordre & l'idée de la véritable Liberté.

Suivie de la Notice d'un Manuscrit intitulé : *l'Ami de la Vérité*, ou des *véritables Principes de l'ordre social, & de la Félicité publique.*

Par M. J. CHEVRET.

Employé à la Bibliothèque du Roi depuis Janvier 1765.

La Terre entiere eſt une grande cité, dont tous les hommes ſont citoyens. Je ſuis homme, & comme tel, je dis avec *Térence*, je dois m'intéreſſer à tout ce qui intéreſſe les hommes.

AU TEMPLE DE LA VÉRITÉ,

1789.

6

A L'HUMANITÉ

ET

A MA PATRIE EN PARTICULIER.

O Humanité! toi qui se plaît à chérir, à secourir la Nature humaine, & qui fait participer en quelque sorte au bonheur de la Divinité les hommes qui te chérissent, & qui cesse d'être véritablement homme dès qu'ils abandonnent cette douceur, cet amour qui est proprement l'apanage de ta Nature, fais que je puisse faire goûter tes charmes à la Nature entiere, en rappellant tous les hommes à leurs propres sentimens, aux mouvemens affectueux de leur cœur, pour te rendre les armes & t'offrir leurs hommages.

Qu'elle est belle, cette idée, qui fait de toute la Terre une habitation commune à un Peuple de freres, d'amis, de concitoyens, unis par la naissance, par les liens de l'égalité naturelle, par le rapport des mêmes besoins, par le privilége unique de la pensée, & de ce charme inexprimable de la communication de leurs idées par la parole, & plus encore par ce sentiment intime, cette loi de la Nature qui lie les hommes, ce sentiment si bien exprimé dans cette fameuse Assemblée, que l'on pourroit appeller les Etats-Généraux de tous les Peuples, l'Assemblée générale de la Nature humaine, où l'on vit les Romains & les Envoyés de toutes les Nations de la Terre applaudir avec tranſport à cette maxime admirable, *que tout homme eſt notre prochain, notre ſang, notre frere*, & d'entendre ce cri de la Nature, qui rend un témoignage ſi glorieux à la ſageſſe & à l'amour de ſon auteur, de l'entendre prononcer par un vénérable vieillard, à qui Térence fait dire ; « *qu'il eſt homme, & que* » *comme tel, il doit s'intéreſſer à tout ce qui inté-* » *reſſe les hommes* ».

Cette tendre expreſſion de l'ame, rendue ſur la ſcene & ſous les yeux de cette brillante aſſemblée de citoyens de l'Univers, a retenti dans Rome, s'eſt répétée dans toutes les villes, s'eſt fait ſentir & applaudir de tout l'Univers, & a réuni tous les cœurs dans le même ſentiment & tous les eſprits dans la même penſée, & a fait de toutes les affections une ſeule, qui, échauffant également tous les cœurs, fait de tous les hommes, par ce lien ſacré, un ſeul & unique amour digne de s'élever en ſacrifice à ſon auteur, à Dieu qui ne veut pour garant de l'amour qui lui eſt dû, que l'expreſſion ſincere & vraie de l'amour réciproque que les hommes ſe doivent les uns les autres.

Quelle douce ſatisfaction on éprouve à conſidérer ainſi l'humanité comme une ſeule & même famille ſous la conduite & la protection d'un tendre pere, d'un Roi, d'un arbitre ſuprême, tout-puiſſant, ſouverainement juſte & ſage, & l'amour par eſſence, d'un Roi devant qui toutes les puiſſances & les Rois de la Terre ne ſont pas plus grands que leurs ſujets, & ne ſont inſtitués que pour être ſes Miniſtres dans l'adminiſtration de chaque ſociété, pour le bon ordre & le bonheur des Peuples qui leur ſont ſoumis, & devant qui enfin les plus juſtes ſeront toujours les plus grands.

Quel charme ſeroit-ce de voir tous les hommes de tous les pays, de toutes les claſſes, de tous les rangs, s'aimer, ſe reſpecter, & réciproquement chacun ſe rendre volontairement les devoirs, les hommages de déférence qu'exigent les places qu'ils occupent dans l'ordre de la ſociété, & pour le bien de tous : voilà l'ordre & le principe de l'harmonie qui doit régner dans tout Etat bien conſtitué : concourir chacun, de tout notre pouvoir, au bien général, à l'entretien & au ſoutien de la mere commune de la Patrie, voilà notre devoir ; eſpérer ſa protection & ſa juſtice, voilà nos droits.

Un exemple frappant, applicable à tous les états, va, mes chers concitoyens, vous rendre vos intérêts ſenſibles.

Nos corps, en particulier le vôtre, mon cher lecteur, ſuppoſez-le, eſt un état à vivifier & à ſoutenir. Vous ſavez que tout Royaume a un tréſor public, où flue & refluë les finances de l'Etat. Or, notre cœur eſt le tréſor public de nos corps & le centre de la circulation de cette matiere précieuſe qui circule dans toutes ſes parties pour le ſoutenir & l'alimenter : tous les arteres, toutes les veines, & cette prodigieuſe & inconcevable quantité de fibres & de petites ramifications qui ſe perdent aux yeux, ſont comme autant de mains par où paſſent les fonds de ce tréſor du cœur, votre ſang, qui porte la vie & l'action proportionnée aux beſoins & aux facultés de chacune de ſes parties, & que ces mêmes parties reportent enſuite en tribut au cœur avec égale proportion pour recommencer de nouveau

& maintenir ainfi le corps vivant & bien conftitué.

Il en eft ainfi de tout corps politique de tout Etat ; les finances fe diftribuent de la caiffe publique jufqu'aux extrémités du Royaume ; & de même de toutes ces extrémités il en revient au tréfor public en proportion des facultés de chacun. Et ainfi que le véritable intérêt de toutes les parties de notre corps eft de ne point fe refufer à cette action réciproque du cœur, de même tout citoyen doit concourir en proportion au maintien de ce bon ordre, qui fait toute la vie d'un Etat & le bonheur de tous.

Ainfi dans le corps chacune des parties ne peut refufer fon action fans fe bleffer elle-même & altérer douloureufement le corps, qui ne peut être vraiment heureux que par le bonheur de chacune des parties, & les différentes parties par le bonheur du tout, qui, fans cette harmonie, dépérit & languit ; & fi le cœur lui-même reçoit une bleffure & s'épanche, alors le corps dépérit, chancelle & tombe, fi un remede prompt ne lui redonne fon activité.

Enfin *le bon ordre*, mes chers compatriotes, car je m'adreffe à vous. Vous avez témoigné le connoître, le Difcours de votre digne Préfident (1), que vous avez defiré être imprimé, & dont il m'a honoré, m'en fait foi. J'ai été enchanté d'y voir réalifer dans vos cœurs cet amour de l'humanité à qui je m'adreffe, & de vous voir *partager également avec vos freres ; & lorfque je dis avec vos freres, je n'entends pas parler feulement des concitoyens de la même Ville, mais de ceux des campagnes, des lieux éloignés & abfo-*

(1) M. Levrier, Lieutenant-Général du Bailliage de Meulan.

lument étrangers à votre District, de vous voir par-
tager avec eux la subsistance journaliere qui leur
manquoit, & de n'en avoir refusé aucuns.........
C'est une gloire, que vous vous êtes acquise, & qui
vous donnera éternellement des droits à la recon-
noissance publique.

Je suis ravi, mes chers compatriotes, d'avoir
ce trait d'humanité & de bienfaisance à placer dans
mes recherches sur notre Ville, à côté de celui de
générosité & de patriotisme de la dame le Clerc,
cette riche commerçante, que l'on a vue en 1590,
après la bataille d'Yvry, déposer aux pieds de
Henri IV ses sacs d'or & toute sa fortune pour
soudoyer les Troupes prêtes à se révolter. Ce
sont ces belles actions que je me suis plu à rassem-
bler & à unir aux traits de courage & d'attache-
ment que dans tous les temps vous avez témoi-
gnés à la Patrie & au Roi, & ce que dans les
circonstances votre amour ne cessera de mani-
fester de tout votre pouvoir, avec un esprit
d'ordre, de sagesse & d'une louable liberté.

Le *bon ordre*, la *justice*, la *vérité*, voilà, mes
concitoyens, le point de ralliement ; c'est le
but, c'est le bien de toute société ; c'est à quoi
il faut tendre ; car tout Empire divisé contre
lui-même est sur le penchant de sa ruine. Vous
voulez la liberté, aimez l'ordre & soyez juste ;
car ce sont ces deux véritables appuis. Secondez
de vos efforts, par une volonté droite & toujours dirigée vers le bien, cette Assemblée au-
guste, un Roi chéri & son Ministre, l'ami de ses
Peuples, qui ne veulent & ne tendent, de con-
cert avec cette respectable Assemblée, qu'à la
félicité & au bonheur de l'Empire.

Secondez, braves Citoyens de toutes les classes,
des intentions si pures ; réunissez vos efforts éclai-

rés à ceux des respectables Magistrats & Militaires que la vertu & le mérite ont appellés à de si nobles emplois.

Aimez la liberté, mais aussi respectez l'ordre & la vérité, & soyez persuadé que comme il y a un ordre qui regle le mouvement des Cieux & le cours de la Nature, il y a aussi un ordre qui regle les actions, les sentimens & la conduite des hommes, que cet ordre également juste & immuable, n'est autre chose que la souveraine raison, c'est-à-dire, la raison de Dieu même, dont votre intelligence est l'image ; & que la conformité à l'ordre, c'est-à-dire à cette droite raison, fait tout votre mérite, & fera tout votre bonheur.

Voulez donc l'ordre, desirez la liberté, mais la liberté que vous fait connoître Cicéron, ce Philosophe payen, ce célebre Orateur Romain ; » la liberté du Sage, celle de la droite raison, » qui fait consister tout son plaisir à remplir ces » devoirs, enfin cette liberté du Sage, ajoute-t-il, » qui obéit aux Loix, non par la crainte des » peines dont elles menacent, mais parce qu'il » les aime & qu'il les respecte, & qu'il trouve » qu'il n'y a rien de plus salutaire que de s'y » conformer ».

Ce sont là, mes chers concitoyens, les sentimens dont nous devons tous être pénétrés, & les seuls qui puissent nous conduire à la paix, à la tranquillité, qui font le repos, la prospérité des empires & le bonheur des Peuples.

Et ce sont les vœux de celui qui est avec le plus sincere & le plus fidele dévouement à la liberté, au bon ordre, à l'intérêt, à l'amour de la Patrie & à son Roi, dont il est, avec la plus respectueuse affection, le très-fidele Sujet, C H V R E T.

En Septembre 1789.

NOTICE

DE

L'AMI DE LA VÉRITÉ,

Ou des véritables Principes de l'ordre social
& de la Félicité publique.

> Il faut chercher le fondement folide des
> Etats dans la vérité, qui eft la mere
> de la paix ; & la vérité ne fe trouve que
> dans la véritable Religion. (*Boffuet.*)

L'HOMME eft fait pour la fociété; il eft né
pour le bonheur, pour la vérité ; fon cœur, qui
eft tout amour, fait connoître, par fes defirs,
fon befoin d'aimer , & fon efprit , par fa vivacité
& fes recherches, celui d'apprendre & de connoître. La vérité, qui eft fon aliment, eft le terme
que cherchent tous ceux qui raifonnent , & où ils
ne manquent pas d'arriver quand ils raifonnent
bien ; elle fait leur bonheur & devient le lien le
plus affuré de la fociété , rendant prefque également incapable de tromper & d'être trompé. Le
bien de l'homme n'eft donc pas de triompher
d'un autre homme ; mais de vouloir bien que la
vérité triomphe de lui, car elle triomphera de
nous , bon gré, mal gré; & le plus grand malheur
qui nous puiffe arriver , c'eft qu'elle en triomphe

malgré nous, car la vérité eſt grande , & rien n'égale ſa force.

Ce qui intéreſſe donc également tous les hommes, c'eſt la vérité, puiſque l'on n'eſt point heureux hors de la route du vrai, & qu'il n'appartient qu'à la vérité de ſatisfaire notre eſprit & notre cœur.

Mais il la faut écouter cette vérité, où elle nous parle ; or elle nous parle au fond de notre cœur ; c'eſt là qu'elle ſe fait entendre, c'eſt là où réſide cette lumiere ſecrette qui ſe préſente généralement à l'eſprit de tous ceux qui penſent. — Mais notre eſprit n'eſt pas la raiſon primitive : la vérité univerſelle & immuable ; il eſt ſeulement comme l'organe par où paſſe cette lumiere origineile pour en être éclairé, & nous recevons tout enſemble de ce ſoleil des eſprits, & ſa lumiere, & l'amour de ſa lumiere pour la chercher, ce ſoleil de vérité ne laiſſe aucune ombre, & il luit en même-tems dans les deux hémiſpheres ; il ne ſe cache jamais , & ne ſouffre aucun nuage que ceux qui ſont formés par nos paſſions ; car ainſi que le ſoleil éclaire tous les corps, de même (dit M. *de Fénelon*) ce ſoleil d'intelligence éclaire tous les eſprits.

Mais ce qui fait que ſi peu de perſonnes voient & écoutent cette vérité, c'eſt que preſque tout le monde eſt hors de ſoi-même & fugitif de ſon cœur.

(*Jérém.* 29. 13). Vous me chercherez, & vous me trouverez lorſque vous me chercherez de tout votre cœur. (*Iſaïe*, 46. 8). Rentrez dans votre cœur, violateurs de ma Loi. (*Jérém.* 29. 14). C'eſt alors que vous me trouverez, dit le Seigneur.

Ainsi que le cœur soit droit, & l'esprit sera bientôt éclairé.

La vérité, la première vérité, voilà donc la source de l'ordre, de la justice parmi les hommes, & où il faut s'élever pour trouver ce principe primitif, le seul d'où toutes les Nations puissent déduire les principes secondaires qui doivent les diriger dans leurs différentes manieres de Gouvernement. Il existe ce principe, cet être parfait, car enfin pourquoi l'imparfait existeroit-il, & le parfait n'existeroit-il pas ? La perfection est-elle un obstacle à l'être, n'est-elle pas au contraire une raison d'être ? Nous avons prouvé cette vérité par le spectacle de la Nature & l'ordre admirable qui y regne, par l'existence & les facultés intellectuelles de l'homme, par les affections de son cœur, par les sentimens des Philosophes payens & des Sages de tous les pays, & plus particuliérement encore par l'Ecriture & la Religion, qui font sentir au cœur & prouvent évidemment à l'esprit qu'à Dieu seul primitivement appartient de conduire l'homme à la vérité, & de lui donner des Loix.

» Car l'on cherche en vain l'origine & la vé-
» ritable source de la justice & du droit naturel,
» disent les Anciens, si l'on ne s'éleve jusqu'à
» la Nature universelle, qui est Dieu ; c'est dans
» ce premier principe, & non ailleurs, qu'on
» découvre l'idée primitive & essentielle des
» biens & des maux du juste & de l'injuste.

» Car il est lui-même la justice & l'équité,
» dit *Plutarque*; il est la plus ancienne & la plus
» parfaite des Loix.

» (*Prov. 8, 14, 15*). C'est de moi que vient le
» conseil & l'équité (dit la Sagesse) ; c'est de

» moi que vient la prudence & la force: les Rois
» regnent par moi, & c'est par moi que les
» Législateurs ordonnent ce qui est juste ».

Après avoir ainsi établi l'existence & le droit
de la Divinité, & exposé les effets de sa puis-
sance dans la création de l'Univers, sa sagesse
dans la disposition admirable de ses parties, &
son amour pour toutes les créatures, & en
particulier pour l'homme, qu'il a si singulierement
favorisé, jusqu'à le créer à son image & ressem-
blance, en le rendant capable de s'unir à lui par
l'intelligence & par l'amour, l'on reconnoît, par
ce rapport si intime, que l'homme est obligé à
des devoirs indispensables de reconnoissance &
d'amour envers son créateur : que ces devoirs,
cet amour, c'est toute la Religion, c'est le véritable culte, le droit de la Divinité & le premier & le plus saint des devoirs de l'homme,
né avec son cœur & aussi ancien que le monde.

Nous jettons un coup-d'œil rapide sur les dif-
férens états de l'homme depuis son origine, la
suite des générations, la maniere dont les sociétés
se sont formées, & la maniere singuliere dont le
véritable culte s'est conservé parmi les Nations
pour arriver jusqu'à nous & faire aujourd'hui le
plus solide appui des Gouvernemens & le garant
le plus assuré des sermens & de la fidélité des
hommes dans les engagemens divers de la société,
& l'objet de leurs espérances.

» Car, dit M. *de Montesquieu*, la Religion,
» même fausse, est le meilleur garant que les
» hommes puissent avoir de la probité des
» hommes......

Il faut poser ce principe si l'on veut donner
une base solide à la législation naturelle; « car

» sans cela, dit M. *Leibnitz*, il n'y aura plus rien
» qui soit capable de détourner d'un grand crime
» lorsqu'on pourra, en le commettant, se pro-
» curer de grands avantages & se promettre
» l'impunité ».

Après la Religion chrétienne, qui ordonne aux
hommes de s'aimer, dit M. *de Montesquieu*, « les
» bonnes Loix politiques & civiles, sont le
» plus grand bien que les hommes puissent donner
» & recevoir ».

Or, si la Religion est pour tous les états le
premier principe du bon ordre, la premiere Loi,
il ne doit pas être indifférent aux Etats & aux
hommes du choix qu'ils en doivent faire : comme
la vérité n'est qu'une, & qu'elle seule peut sa-
tisfaire l'esprit & le cœur des hommes, & qu'ils
ne seront véritablement heureux que par elle,
leurs propres intérêts se réunissent à cet examen.

Cette vérité primitive doit avoir sa source,
comme nous l'avons fait voir, à l'origine des
choses : ce culte, cette religion, doivent éma-
ner directement de l'Etre suprême, & avoir été
imposée à l'homme dès sa formation. Elle doit
être unique comme son principe ; de nous elle
doit remonter sans interruption à son auteur, &
de son auteur & du premier homme elle doit
nous avoir été transmise par une tradition cons-
tante & une liaison de faits non interrompus,
qui lient son commencement à sa fin, & con-
somme tout dans l'unité de son principe, dans
l'amour de son auteur ; & il est de son devoir le
plus essentiel de se reconnoître pour ce qu'elle
est, c'est-à-dire pour la seule & véritable Religion, qui unit l'homme à Dieu. Il faut que, tra-
versant les siècles, elle brave courageusement

toutes les Religions particulieres , toutes les
sectes , toutes les diverses opinions des hommes
qui la combattent : & tel qu'un vaisseau battu
de la tempête, il faut qu'elle résiste à l'orage ,
qu'elle surnage sur les flots & la mer de ce
monde , & qu'elle conduise au port tous les
hommes qui sont dans son sein. Il faut qu'elle
persiste avec amour à se faire connoître pour ce
qu'elle est , qu'elle soutienne ce caractere de
vérité, dont rien n'égale la force , qui fait son
essence , & le seul qui puisse la faire reconnoître
de toutes les Nations , & les attirer à elle par
l'amour & la tendresse qu'elle doit leur porter ,
en les sollicitant, pour leur bonheur , de se ranger
sous ces loix, qui ne sont que vérité , justice &
amour. Elle doit aimer tous les hommes , & elle
les aime : le commandement qu'elle leur fait à
tous de s'aimer réciproquement les uns les autres,
comme loi d'humanité & la base de leur bonheur, annonce la pureté de ses intentions : elle
aime les hommes ; elle les tolere ; mais comme
elle est toute vérité & l'irréconciliable ennemie de
l'erreur, elle est intolérante contre les crimes &
les fausses opinions , & toutes les erreurs qui les
séduisent & les perdent. Voilà assurément l'un des
caractères distinctifs de la véritable Religion, ou
il n'y en a point.

Or, la Religion chrétienne est marquée par
tant de traits de Divinité, qu'à moins que le
cœur ne s'oppose à la conviction de l'esprit, elle
entraîne tous ceux qui ont soin de l'approfondir.
« Il est impossible, dit M. *Pascal*, d'envisager
» toutes les preuves de la Religion chrétienne
» ramassées ensemble , sans en ressentir la force ,
» à laquelle nul homme raisonnable ne peut
» résister.   » Ce

Ce qui a fait dire au *Chancelier Bacon*, à ce célebre Philofophe Anglois , furnommé le Docteur admirable, « que peu de philofophie » difpofe à l'athéifme, mais que beaucoup de » profondeur ramene à la religion ».

Chofe admirable ! dit M. *de Montefquieu* , la Religion chrétienne, qui ne femble avoir d'objet que la félicité de l'autre vie , fait encore notre bonheur dans celle-ci.

Après avoir rapporté plufieurs paffages d'Auteurs payens , qui autorifent les motifs de crédibilité de la Religion chrétienne , l'on rapporte les deux paffages de *la Bruyere* & de *J. J. Rouffeau*, où ce premier , après avoir fait connoître les motifs qui le déterminent en faveur de la Religion , ajoute : « où aller , où me jetter , je ne » dis pas pour trouver rien de meilleur , mais » quelque chofe qui en approche ?

» Je vous avoue , dit *J. J. Rouffeau* , que la » majefté des Ecritures m'étonne ; la fainteté de » l'Evangile parle à mon cœur. Voyez les Livres » des Philofophes avec toute leur pompe , qu'ils » font petits près de celui-là ! Se peut-il qu'un » Livre , à la fois fi fublime & fi fimple , foit » l'ouvrage des hommes ? Se peut-il que celui » dont il fait l'hiftoire , ne foit qu'un homme » lui-même » ?

Quel aveu ! qu'il eft puiffant ! Si tous les Livres des Philofophes font petits auprès de celui-là , il faut donc reconnoître , avec ce fçavant & refpectable Magiftrat, M. le Chancelier *d'Agueffeau*, que *la Religion eft la véritable Philofophie*, la feule généralement utile , & qui contient les loix les plus pures , les plus fages que les hommes

B

puiſſent recevoir, & les ſeuls qui puiſſent faire véritablement leur bonheur.

Non pas que parmi les Philoſophes il n'y en ait de très-reſpectables par leurs qualités perſonnelles & leurs ſciences, & qui ne mettent ſur la voie de la vérité, mais c'eſt que l'homme, tel qu'éclairé qu'il ſoit, tel que ſoit ſon génie, il eſt homme, & dès-là ſujet à l'erreur, foible, trop peu éclairé pour conduire ſûrement à la vérité & au véritable bonheur, puiſque parmi les anciens ſeuls, il s'eſt formé plus de deux cens ſoixante-dix ſyſtêmes ſur cet objet ſi important, & qui ne s'accordent tous, dit *J. J. Rouſſeau*, que pour diſputer, ce qui fait dire à Saint *Cyrile*, que *la Philoſophie eſt le catéchiſme de la Foi*, & nous fait reconnoître, avec *Tertullien*, « que la pru- » dence des hommes eſt trop imparfaite pour » découvrir le vrai bien à notre raiſon, & leur » autorité trop foible pour pouvoir rien exiger » de notre créance », & qu'enfin ceux qui ne veulent pas croire des myſteres incompréhen- ſibles, ne doivent pas non plus jetter leurs re- gards ſur la plus ſimple production de la Nature, moins encore ſur la Nature entiere ni ſur eux-mêmes ; car l'homme eſt un abyme où ſon eſprit ſe confond. Ainſi donc ceux qui ne veulent pas croire des myſtères incompréhenſibles, ſuivent & croyent l'un après l'autre d'incompréhenſibles erreurs. La Philoſophie, dites-vous, ne fournit aucune preuve d'un bonheur à venir : » non, » dit M. *de Voltaire*, mais vous n'avez aucune » démonſtration du contraire ». Or, il ne reſte donc qu'un doute. Eh ! quel doute ?........ Car « tous ceux qui vivent dans l'irreligion, dit » *Bayle*, ne font que douter : ils ne parviennent

» point à la certitude ». Ce n'est donc point dans les productions de la Philosophie , mais dans les monumens de la Religion que l'on trouve les véritables principes , des loix & une morale digne de Dieu & proportionnée aux besoins de l'homme.

C'est donc enfin à la Religion à conduire l'homme du point où la Philosophie l'abandonne , de le reprendre où elle le laisse pour le conduire à sa véritable fin ; car il n'appartient de faire l'homme heureux qu'à celui qui a fait l'homme.

Ainsi la Religion reconnue pour la loi primi- tive , pour cette loi donnée particulièrement à l'homme lors de sa création comme son devoir , le fondement de ses espérances , & pour être l'appui & le garant de celle gravée dans son cœur , de cette loi de raison invariable , éter- nelle , conforme à la Nature , dit *Cicéron* , & répandue dans tous les hommes , qui leur com- mande le bien & leur défend le mal.

Nous posons donc pour principe de la société & du bon ordre ce principe également de raison & précepte de religion.

« Vous aimerez le Seigneur votre Dieu de
» tout votre cœur , de toute votre ame , de tout
» votre esprit & de toutes vos forces , c'est le
» premier commandement ; & voici le second ,
» qui est semblable au premier ; vous aimerez
» votre prochain comme vous-même. Il n'y a
» aucun autre commandement plus grand que
» ceux-ci ».

Toutes les loix de la société reposent sur ce principe d'amour ; c'est-là le sommaire & le précis de toutes les obligations , de tous les devoirs ; c'est la loi , c'est la religion , la politique & toute la morale, & des hommes, & des états, & la seule véritable base de la félicité & du bonheur des Peuples.

Si l'homme eût toujours consulté la droiture de son cœur & sa raison, jamais les passions n'auroient troublé son ame, il seroit en paix; « car, » dit *Cicéron*, la source de toutes les maladies » & de toutes les passions de l'ame, c'est le » mépris des conseils de la raison ». Ce contraste cruel, qui sans cesse divise l'esprit & le cœur des hommes, & les mettent si souvent en contradiction avec eux-mêmes, est un mal si connu, que les Payens même, à la vue des miseres dont l'homme est accablé dès sa plus tendre enfance, ont pensé (en ignorant la véritable cause) que nous étions nés pour expier des crimes commis dans une autre vie.

Ce qui a fait dire à Médée (*Métamorphose d'Ovide, VII*) : « je vois le bien & je l'approuve, » cependant je me laisse aller à ce qu'il con-» damne ».

Le bien nous plaît, dit M. *Bossuet*, mais cependant le mal prévaut, la beauté de la vertu nous attire, mais les passions nous emportent. Voilà l'état de l'homme; voilà le caractere qu'il apporte dans la société, voilà celui qu'il faut rendre heureux par de sages loix ; ce sont toutes ces passions à qui il faut donner un frein, & qu'il faut engager à la vertu par les récompenses & les châtimens, qui agissent plus sur leur cœur que sur leur esprit, & ce sont les moyens également employés par la politique & la Religion.

Ainsi donc que les devoirs des hommes dérivent de la volonté & de la sagesse suprême, celle de leurs droits viennent du même principe.

Ces droits de l'homme fur toute la terre, donnés au chef de la race des hommes lors de la création, en lui font promulgués à toutes fes générations, comme citoyens du même monde, de la même terre, & comme affujettis aux mêmes befoins, & d'égale nature, puifque naître, vivre & mourir font leur fort commun.

Nous expofons enfuite les droits particuliers de l'homme, tel que celui de la *confervation de fa vie*, de fon *égalité* & de fa *liberté*, de fa *propriété*, &c. dont nous faifons voir les véritables limites en pofant ce précepte d'humanité.

« De ne pas faire à autrui ce que vous ne
» voudriez pas qui vous foit fait, & de traiter
» les hommes de la même maniere que vous
» voudriez vous-même qu'ils vous traitaffent ».

Car la liberté n'eft point une liberté d'indépendance, mais une liberté foumife à la droite raifon & aux loix. La liberté n'eft pas donnée à l'homme, afin qu'il ait la licence de faire le mal, mais afin qu'il lui tourne à gloire de faire le bien. Les Payens même nous l'ont appris: *être libre*, difent ils, *c'eft obéir aux loix*.

C'eft par l'ufage de cette fage liberté que les états & les hommes fe confervent en paix, & que les Souverains font heureux du bonheur de leurs Sujets, lorfqu'eux-mêmes s'y foumettent, & qu'ils reconnoiffent avec un Empereur Romain, « que la
» majefté du Souverain ne s'explique jamais plus
» dignement que lorfqu'il reconnoît hautement
» que fon pouvoir eft borné par les loix; & que
» fe foumettre à leur empire, c'eft quelque chofe
» de plus grand que l'empire même.

» Celui-là certainement peut régner long-tems
» avec fûreté, dit *Marc Antonin*, qui fait fur fes

éviter une trop grande furabondance de richeffe
repréfentative, qui feroient monter les denrées
& toutes chofes à un trop haut prix.

Mais toujours il faudroit reconnoître comme
loi facrée de l'Etat, d'anéantir chaque année
une portion de ce papier-monnoie, pour, après
une période de temps, la Nation fe trouver
entièrement libérée de fa dette ; opération de
finance pour laquelle il ne faut que de l'ordre,
de la bonne foi, feuls capables d'établir le crédit,
& de donner & maintenir la confiance des Peuples
& faire fleurir l'Empire. On le répete, cette
opération, eft une opération de bonne foi,
d'ordre conftant, fans lefquels elle deviendroit
pernicieufe, c'eft une opération où toute la Nation intéreffée doit garantir le fuccès, pour fon
intérêt, pour fon honneur & celui de fon Roi,
qui ne peut être véritablement heureux, que par
la profpérité de fon Royaume & le bonheur &
l'amour de fes fujets.

F I N.

À PARIS, chez N. H. NYON, Imprimeur
du Parlement, rue Mignon.